말을 씻는 시간

말을 씻는 시간

초판 1쇄 발행 2025년 1월 31일

지은이 황영주
펴낸이 장길수
펴낸곳 지식과감성#
출판등록 제2012-000081호

교정 김지원
디자인 오정은, 김희영
편집 오정은
검수 이주희, 정윤솔
마케팅 김윤길, 정은혜

주소 서울시 금천구 벚꽃로298 대륭포스트타워6차 1212호
전화 070-4651-3730~4
팩스 070-4325-7006
이메일 ksbookup@naver.com
홈페이지 www.knsbookup.com

ISBN 979-11-392-2388-0(03810)
값 12,000원

- 이 책의 판권은 지은이에게 있습니다.
- 이 책 내용의 전부 또는 일부를 재사용하려면 반드시 지은이의 서면 동의를 받아야 합니다.
- 잘못된 책은 구입하신 곳에서 바꾸어 드립니다.

지식과감성#
홈페이지 바로가기

말을 씻는 시간

황영주 시집

우리는 서로의 온기가 필요하다

시인의 말

글에 온기를 담고 싶다
따뜻하게 안아주거나
힘을 주는
그런 정다운 글을

황영주

차례

시인의 말　　　　　　　　5

하나. 사람을 그리다

그리움　　　　　　　　12
일상의 배려　　　　　　13
딸기를 먹다　　　　　　14
홈쇼핑　　　　　　　　15
나에게 길을 묻다　　　　16
창호지 젖는 밤　　　　　17
주전자　　　　　　　　18
세숫대야　　　　　　　19
고모의 하나님　　　　　20
낡은 가방 같은　　　　　22
명옥이　　　　　　　　23
금요일 오후잖아요　　　24
건넌방　　　　　　　　25
담배 할아버지　　　　　26
오지랖 넓은 여자　　　　28
외사랑　　　　　　　　29
내 안에 전사가 산다　　　30
그대란 자판기를　　　　31

결혼 후 너희는　　　　　32
이별과 마주 보기　　　　34
재회　　　　　　　　　35
사랑을 잘라내다　　　　36
김율리아　　　　　　　37
전단지　　　　　　　　38
국수집　　　　　　　　39

둘. 풍경을 만지다

리그넘바이티 펜을 들고	42
낙엽비	44
동백꽃 지면	45
목백일홍	46
샤스타데이지 언덕에서	47
이팝꽃	48
젊은 할미꽃	49
바다로 가	50
별바라기	51
불완전 탈바꿈	52
비를 생각	53
사마귀에게 먹히다	54
내딛다	55
꽃씨를 보낸 민들레는	56
진 달	57

셋. 삶을 묻다

구루마	60
물수제비뜨면	62
늦은 밤 편의점에서	63
나의 마당엔 소리가 없다	64
덤	65
간판	66
도시의 연등	67
물 빠진 속옷	68
버려지는 이름을 대하는 자세	69
비겁한 하루	70
밥 먹듯 시를 읽는	71
사춘기와 갱년기	72
사당역에서	73
시가 함박눈처럼 내린 날	74
쓸쓸한 사랑을 읽다	76
셀프 주유소에서	77
연극을 좋아하세요?	78
주차장에서	79
불법 현수막	80

넷. 삶을 입다

샌들의 품격	82
말을 씻는 시간	84
외계어	85
아프지 않고 어떻게 시를	86
은행 창구 앞에서	88
부끄러운 날	89
사람의 언어	90
빨래 건조대	91
곁길	92
가장자리에 서서	93
구두 뒤축	94
봄날	95
할인 매대에 누워	96
택배를 기다리며	97
아마추어, 무대 오르다	98
영업 방침	99
도루묵 조림	100
도로 공사	101
의미 없음과 의미 있음	102
괜찮은 날	103
잘 익은 사람	104

해설 | 동사로 쓴 시를 형용사로 읽다 – 심명옥　　　　　　　　　　　　106

하나. 사람을 그리다

그리움

한 뼘만큼의 거리가
우주만큼 멀다
그래도 그대 거기 있으니
외롭지 않다

일상의 배려

내 안의 눈물을 다 퍼내고
버팀돌이 쑥 빠지니
슬픔의 낱말만 꾹꾹 채운 박제가 되었다

아버지의 삼우제를 지내고 다시 출근한 날
으레 하는 인사를 나누고
단골 식당을 찾아 고를 필요 없는 백반을 먹었다
종일 손이 기억하는 일을 처리하면서
가볍게 주고받는 농담 곁에 서 있었다
내 슬픔을 가벼이 여기나 서운했던
그 하루

나중에야 알았다
한 번쯤은
소중한 사람을 먼저 보낸 얼굴들이
슬픔을 슬몃슬몃 털어내라고
일상의 사소함을 몽땅 빌렸다는 걸

다시 울 수 있었다
수많은 낱말들이 팔랑이며 날았다

딸기를 먹다

가수가 꿈이었던 엄마는
일 년에 두 번
관광버스를 탔다

네 엄마는 끼 있는 여자야
바람을 쐐야 날아가지 않아

엄마가 쥐여준 돈으로 산
딸기 한 바구니
함지박 가득 빨간 꽃 피고

노래하는 엄마
춤추는 엄마는
너무 낯설고 아득해서

딸기를 좋아하는 엄마를
꾸역꾸역 다 삼켰다

몸뻬 바지를 입은
엄마가 온다 나른한 봄이다

홈쇼핑

여보세요 결제 조건이 어떻게 됩니까
카드 번호를 불러드리겠습니다
벽을 타고 흐르는 남편의 젖은 목소리가
설핏 든 잠을 후르르 쫓는다
텔레비전 앞에 오도카니 앉은 쉰 살 넘은 남자는
대체 무얼 주문했을까

한때 그는 거실의 중심이었다
푹신한 이불 한 장만 쫙 펼치면
구르고 타고 넘어지는 신나는 놀이가 그와 아이들을 단잠으로 이끌었으니
한때 아내도 거실에 함께 있었다
딱히 뭘 하거나 나누지 않아도
사랑의 따뜻한 온기가 강이 되어 넘쳤나니
무정한 세월 앞에
아이들은 휴대폰 액정과 노트북 화면만 들여다보고
아내는 틈만 나면 노곤하다며 이른 잠을 보채는구나

아무리 애를 써도 돌릴 수 없는 삶의 버거움
이제는 저만치 물러선 아버지의 이름을 주문합니다
그래도 애틋한 남편의 자리를 주문합니다

나에게 길을 묻다

낯선 길에선
누구나 당황하지만
익숙한 길을
자주 놓치는 너는

오늘도 황망한
걸음이다

얼마를 걸어야
얼마를 헤매야

너는 그만 걷겠다 하고
나는 같이 걷겠다 하고

창호지 젖는 밤

두 장의 창호지가 마주 앉아요
담박한 매력이 닮았거니

적당한 물기를 머금자
달싹, 정겹게 넘나드네요

맑은 물이 찰찰 채워질 때마다
조금씩 옅어지는 구김, 자국들

사는 일이, 아팠던 기억이

그럭저럭 괜찮아진
서로를 맞들고 다르르

때마침 찾아온 바람에
신나게 몸을 내맡깁니다

주전자

어느 날은 차가워 손이 시리더니
갑자기 뜨거워져 마음 주기 두렵다고
마냥 미적지근 애매하기만 하니
속내를 알 수 없어 답답하다고

그대 향한 사랑은 흘러넘치나
꺼내 보이면
작은 종지에 담긴
마음 한 조각

가질 수도 버릴 수도 없는
그리움
저 혼자 달캉달캉
말없이 시간만
삭이고 있다

세숫대야

하이타이 양껏 풀어
거품이 일면
입성은 부실해도
속옷은 눈부셔야 한다는
당신의 바지런한 손길이 들립니다

호비작호비작
고양이 세수도 좋다 하셨지요
때 묻지 않은
사람이 되라는 뜻인 줄
이제 압니다

어느 집을 가도
내력 있으니 다행히
얼굴 들고 사는 건
당신 덕입니다

날마다 세숫대야를 듭니다
당신을 만납니다

고모의 하나님

저년은 삼대독자에게 시집을 왔으면
아들을 낳아야지
딸을 내리 셋이나 놓고도
뻔뻔하게 얼굴을 들고 산다고
아빠만큼 키 큰 고모가 흉을 봤다
어느 날은 낯선 여자를 데리고 나타나고
느닷없이 담장을 넘어
고집 센 아빠와 난투극을 벌였다
캄캄한 어둠을 흔드는 욕설과 비명
하나둘씩 켜지는 이웃집 불빛

고모 손에 이끌려 처음 간 교회
십자가 밑에서 고모가 웃었다
목사님 앞에서 고모의 목소리는 상냥했다
고모가 시키는 대로 눈을 감았다
우리 엄마를 괴롭히는
고모를 왜 가만히 보고 계셔요
그러면 안 된다 야단치셔야지요
설마 고모가 그러는 걸
시치미 떼시는 건 아니지요

끝내 대답 없는 하나님
나쁜 하나님

낡은 가방 같은

허구한 날 들고 다녀
밑은 쑥 빠지고 끈은 나달나달
이제는 습관처럼 익숙한 사람

급한 마음 후다닥 쏟아부어도
탈 날 걱정 없이
그 마음 온전히 다 받아주는 사람

야금야금 조금씩 꺼내는 재미
통박 놓지 않고 또 내어주는
여전히 내 편인 소중한 사람

특별한 날
어쩌다 한 번 들었다 놓는
이름 아닌
들숨 날숨 함께하는 사람

명옥이

촌스럽다고
팔자가 세다고
자꾸 뒤에 서지만

명옥이, 명옥이
좋기만 하다

해와 달을 담고
세상의 깊은 멋을 지닌

그 이름이 내 삶에
해사하게

금요일 오후잖아요

날씨가
무슨 상관인가요

이 빠진 접시면
또 어때요

같이 하는
모든 게
축복인 것을

하루쯤
얼렁뚱땅 풀어져도

그것조차
어여쁜 우리입니다

건넌방

건넌방에 사는 그를 압니다
잘 지내려니
마음 푼 그 밤

냉골에 혼자 누워
사랑한다
그래도 사랑한다
세상을 짝사랑하며
닿지 않는 이름
애틋하게 부르더니

밤하늘의 별이 됩니다

지척이면 닿을 거리
왜 쉬이 건너가지 못했을까
뒤늦은 후회

그 별을 부릅니다

담배 할아버지

아파트 일 층 입구에 앉아
담배를 피우는 할아버지가 계신다
지척지척
몇 발자국 내딛기도 버겁고
제 주인의 의지는
통 듣지 않는
고집불통 몸뚱이를
어쩌라고

냄새난다며
몇 마디 흘리고 가는
얌통머리 없는
사람들

청소하는 아주머니 손에
미안하다며 얹으시는
만 원
어쩌다 마주칠 때마다
쥐여 주시는
박하사탕 두 개

겨우내 보이지 않으시니
공연히 궁금한 마음

어르신
날이 풀렸습니다

오지랖 넓은 여자

하필이면
지갑엔 천 원짜리 한 장과
오백 원 동전 한 개

시퍼런 기대를 담아
단숨에 그어 내린 면도날

그는 전문가가 아니었다

청량리 길거리에서 파는
싸구려 핸드백에
하루를 건 실력이라면

헛물을 켜도 싸다

쌤통인데
찌르르 쑤시는 이 마음은

외사랑

나를 주고도
전부를 잃지 않는

적당히 가깝고
은근히 뜨거운
그 거리를 가늠하다
헛도는 걸음에 지쳐
앉지도
서지도 못한다

무작정 가는 내 마음만
바라보기로
이 순간의 설렘만
간직하기로

날마다
빛나는
얼굴이게

내 안에 전사가 산다

"네 애비는 힘센 놈에게 절대 기죽지 않았다"
술에 불콰해진 아버지가 쏟아내던 말
어느 밤엔 주정처럼
때로는 주문처럼
작은 몸으로 흘러드는 줄 몰랐다

너를 일으켜 봐
이제 움직일 때야
살살 부추기는 목소리를 듣는다
그게 아버지인지
나인지

스스로 구차한 사람 되기 싫다
주먹 불끈 쥔 손으로
한 잔 술 들이켜는
내 안의 전사
"나도 잘난 척하는 놈에게 절대 지지 않는다"

그대란 자판기를

내가 고를 수 있는 선택지가
고작 이뿐이냐고
그대의 가슴을 두드렸다
애면글면하다 차이고 넘어져
상처투성이
주머니 탈탈 털어 그댈 안으면
한결같은 사랑
묵고 묵은 기다림에 녹아
단숨에 후루룩 흘러내린다

덜어내고 또 비워내
내 안에 뭐가 남았는지 아니
세상의 쓴맛 단맛 다 섞인
한 잔의 맛을 짐작하니

내 앞에 선 그대란
내가 닮고 싶은 그대란

결혼 후 너희는

계절에 물들어도
나무는 늘 나무인 것처럼
맑은 날이나 흐린 날이나
사랑과 멀어지지 않기를

노래 가사를 잊거나 박자를 놓쳤을 때
혹은 음식을 만들다 망쳤을 때
너희가 터뜨린 그 웃음처럼
서로의 실수나 잘못에 너그럽기를

볼 때마다 달라지는 하늘과
매번 개선되는 스마트폰처럼
빠르게 변하는 세상과 친해지도록
서로를 응원하며 나란히 걸어 주기를

별의 먼지로 만들어진 우리는
하찮으면서도 소중한 존재니까
서로의 다름을 존중하며 삶을 성찰하는
진정한 어른으로 살아 주기를

서로를 선물처럼 생각하는
지금 이 순간을 영원히 간직하길

이별과 마주 보기

이별은
사랑의 다른 이름이라고

마음 한 조각 뚝 떼어줬으면
낭창낭창 흘러가든
허청허청 되돌아오든
내 몫은 아니라고

매일 만나는 이별과
말갛게 갠 얼굴로
오늘도 마주 보는 거라고

재회

돌아서면서
기도에 쓰이는 말
우리를 기억하는 모든 말이
어디론가 흩어졌지

헐거워진 틈새로
나무들이 들어서 숲을 이뤄

조금씩 괜찮아지고
더 새로워지고

나도 그대도
그렇게 나쁜 사람은 아니어서

어디든
우리의 웃음은 아름답겠지
닮기도 했겠지

그래서 나무가
나무를 보는 것처럼

사랑을 잘라내다

기억을 숭덩숭덩 잘라냅니다
일부러 선택한 무딘 칼날
차마 단숨에 버리진 못하겠기에

매끄럽게 잘리지 못한 이야기
바쁘게 쏟아지니

한 번쯤 그대처럼 각을 세워볼까
성글고 둥글게 굴러갈까

절반을 잘라 남은 건
그래도 사랑

처덕처덕 붙은 이물질을 떼어내면
우리는 다시 웃을 수 있을까

김율리아

우리 집 화분에 심으면 좋겠어요
자그마한 너의 손에 놓인
봉숭아씨 몇 알

우르르 몰려가니
일 층은 간판도 없는 세탁소
지하는 기약할 수 없는 내일을
어설픈 노래와 몇 잔 술로 푸는 곳
사람 좋아 보이는 삼촌과
함께 산다고
자랑했던 김율리아

봉숭아꽃은 보았니
까만 씨 주섬주섬 챙겨
이듬해 꼭꼭 눌러 주었니

너희 집은 어디니
널 닮은 고운 꽃은 어디 피었니

전단지

그대 마음을 단박에
사로잡지 못하겠지
내가 담고 있는 이야기
보여주고픈 그림이
그리 쉽게 닿을 순 없을 거야

그대가 바라보는 곳
딛고 선 자리
너무나 아득하고 낯설어도
자꾸만 나를
끼워 넣고 싶은 이 마음

건성으로 넘겨도 좋으니
눈길 한 번 닿기를
손길 한 번 스치길

이 세상에 나 있음을
스스로 버리지 않게

국수집

국수집이라고 내건
식당에 앉아
맛있는 국수를 먹는다
국수를 파니까
그냥 국수집
숨길 것도 꾸밀 것도 없는
주인의 얼굴이
한 그릇이다

나는 황영주
누가 뭐라고 해도
그냥 나
속일 것도 감출 것도 없는
나의 얼굴이
온 마음이다

둘. 풍경을 만지다

리그넘바이티 펜을 들고

익숙한 세계에 또 다른 세계를 들입니다
아득히 먼 남미의 숲
초록의 촘촘한 깊이를 가늠할 수 없는 나는
모두의 나무에서 나의 나무가 된 그가
낯설고 설렙니다

어느 날은 그를 가졌다는 사실에
가슴 한쪽이 간지럽다가
어느 날은 도저히 상상할 수 없는
거리를 깨닫고 절망하지요

펜이란 이름을 달고 온 그는
너의 이야기를 쓰라고 재촉하지만
나는 오소소 떨어지는
그의 이야기만 줍고 싶습니다

함께 이룰 명분 없는 사랑
한낮에 떠있는 달빛만큼 아련한데
내 안에 깊고 단단하게 자리 잡은 그는
쉽사리 자리를 비울 생각이 없습니다

사람의 마음에 누군가의 자리를 마련하는 건
그의 삶을 그대로 옮겨오는 일
해석할 수 없는 암호만 읽다 지쳐
향기로운 내음만 맡고 또 맡습니다

상처를 치료하는 나무
맹목적인 이 사랑 그대에게 넘깁니다

낙엽비

젖지 않게 젖어드는
그대 있으니
오늘은 무조건
행복하겠습니다

노란비 붉은비
실컷 들이켜곤
조심스럽게 섞이는
우리를 사랑하겠습니다

한 걸음 내딛기가
어려운 줄을

그대에게 흠뻑 물드니 알겠습니다

동백꽃 지면

꽃잎 지는 걸 한두 해 보나
시들해진 마음
덩이째 떨어진
동백꽃이 흔든다

참 좋은 시절이 오기 전
서둘러 생을 접으며
다 가져갈 테니
너는
잘 살아라
꼭 그래라
겨울을 안고 잠든 아버지

후두둑 떨군
붉은빛
까맣게 꺼진
아버지 눈 같아서
저리게
아파서

동백꽃 지면
찬란한 봄이 오리니

목백일홍

엄마네 마당에
목백일홍 한 그루

몇 달 내 풍성한 것도
정확한 이름이 배롱나무인 것도
모른 채 겉돌았네요

자꾸 이름을 불러야
내 꽃으로 핀다고

한참을 보고 섰더니
그만하면 됐다 합니다

사스타데이지 언덕에서

알아서 잘 살자는
무정한 말은
언덕을 꽉 채운
그들 앞에서 부끄러워라

하늘과 바람
꽃과 사람이
듬성듬성 섞여야
아름다운 풍경이 됨을

이팝꽃

자잘한 그대의 빛에
나를 잃었습니다
뭐든 줄 때는
아쉬움 없이, 낱낱이 꽉 채운
그 사랑을
차마 셀 수 없네요

기왕 사랑할 거면
어차피 줄 거면
눈과 귀와 마음이
쏠리는 대로, 정말 그렇게

그대처럼

젊은 할미꽃

옆에 설 때마다 엄마는
한 뼘씩 낮아진다
하필이면 눈에 든
할미꽃, 햇살을 담고 있다

원래 꼬부라진 게 아니었네

예쁘다고 만지는
늙은 엄마
고붓하게 휘어지도록
열심히 살았다고

포옥 안아주는 젊은 할미꽃

바다로 가

바다로 가

네가 지르는 울음이
다시 돌아올 수 없도록

폭풍의 눈으로 오든
막 잠이 든 해풍으로 오든

바다에 잠겨 본 너는
다시 잠길 일 없으리

별바라기

아무한테나 화가 나는 날
드문드문 떠 있는
그들을 애써 헤아린다

빅뱅 이론을 몰라도
별의 죽음과 폭발
혹은 그때 생긴 원소가
사람이 되고 돌멩이 되었다는
전설 같은 지식 없어도

그저 바라만 봐도
마음 풀어지는 기적
몸이 알고 마음이 알아

우리는 모두
별의 조각을 담고 있다
가끔은 나도
별의 얼굴을 하고 있다

불완전 탈바꿈

아무리 버리고 꾸며도
남겨진 허물이 너라고

여름내 쟁쟁대는 매미의 말

거울에 비친 내 얼굴이
전학 온 짝처럼 서먹해서

지금 이대로
가을이고 겨울이자고

비를 생각

마음에 습기를 머금어야
같이 울어줄 수 있다

저 혼자 겨운 얼굴은
눈이 부셔 가까워도 멀고

나를 만지는 일은
옆 사람을 만지는 일

젖는 동안 우리가 온다

사마귀에게 먹히다

내 영혼의 절반이 그의 입에서
아그작아그작

잘해요, 멋져요
부러 하는 말인 줄
뻔히 알면서 내 발로 걸어 들어간
달달한 그의 품

기를 쭉
뺏기고 허깨비 되어 휘, 휘

새벽달 뜨기 전 나서야
뙤약볕에 안 넘어진다고
반 토막 난 내가
실성한 내가

내딛다

진짜 바다를 아니
책을 읽거나 들은 이야기로
막연한 푸른빛을
그리지 않았니

날마다 삭는 빈 수족관
유행가 가사를 쉼 없이 토해내는
지친 음악도 바다
누군가 던져버린 술병도
바다야
아름답게 뜨겁고 미치도록 울렁대지
마치 곧 죽을 것처럼

바다가 되렴
정지된 화면을 안지 말고
일어나, 낯선 세상으로
뛰어들어, 네 삶을 향해

꽃씨를 보낸 민들레는

상처받지 않는다고
큰소리를 치지만

민둥산에 촘촘히 박힌
그 흔적들은 뭐야

까실까실한 눈물을
만져봐야 아는 나는 바보

당신은 그렇게 낮은 곳에서
아프게 서럽게

진 달

방금 진 달은
오롯이 내 차지

마당 가득
흐뭇한 빛

뭘 해도
뭘 하지 않아도

그저 웃음이 나는
소박한 사랑

셋. 삶을 묻다

구루마

구루마가 지나갈 수 없습니다
차를 벽에 붙여서 세워 주세요
골목을 같이 쓰는
누군가가 남긴 쪽지
구루마란 이름을 입에 넣으니
도무지 삼켜지질 않는다
그를 손수레로 부르는 사람들이
구루마에 올라 지른
내 어린 웃음소리가
하늘까지 닿았다는 걸 짐작할까
그를 리어카로 찾는 사람들이
구루마에 실린 찬거리로
소박하나 따뜻한
밥상을 차렸다는 걸 알까
그와 나
열심히 살아온 얼굴은 닮았으나
그는 삶의 남루함을
켜켜이 걸쳤고
나는 길의 반쪽도 내어주지 못하는
교만을 입었다

이제 비껴 보니 한 잔의 탁주로
삶의 허기를 채우는
그의 주인만 보아도
덩그러니 빈 몸뚱이로
휘청거리는
그의 발걸음에도
나의 무릎은 쉽게 꺾인다
가장 정직한 얼굴로 하루를 살아낸 자여
내일은 산 같은 몸으로
길의 가운데를 당당히 걸어오라

물수제비뜨면

이리저리 휘둘린 날
퀭한 눈으로 돌멩이 하나 든다

빼곡히 담았지만
쉽게 꺼내지 않는 겸손과
경중대며 돌아치는
가벼운 이름을 향한 연민과
끊임없는 자기 성찰로
깊이 더 깊이

나는 세상을 모르고 세상은
아예 나를 모르고

서로의 가슴에 물수제비뜨면
미련 없는 손짓
얕은 물을 날아오른다

늦은 밤 편의점에서

출출하다는 건
살고 싶다는 말이다

까닭이 다른 얼굴들이
물을 붓고
렌지를 돌려
야속한 밤을
착하게 먹으면

낯선 사람의 온기로
닥지닥지 붙은
아픔을 떼어낸 후
하루를 돌돌 감아
맛있게 넘기면

잘 먹었다는 건
살아보겠다는 말이다

나의 마당엔 소리가 없다

귀를 기울인다 소리가 없다
고무 통이든 벽 틈새든
어디든 가볍게 찾아들던
맑은 웃음은 사라졌다
내 몸의 냄새는
곰팡이 핀 세상의 냄새
욕심만 사납게 채운
나의 마당엔 마른 먼지가 인다

꽃과 나무가 좋으면 뭘 하나
애당초 키우는 일은 젬병
잡초가 빛과 물이 없어도 무성하듯
나는 혼자서도 잘 자라야 했다
누가 찾아오면 섞이기 전에
이방인이라고 쫓아내기 바빴다

이제야 마당이 보인다
차가운 땅을 후비는 나에게
소리가 온다

덤

첫 손님이라 고맙다며
덤 하나 안기고
문 닫는 밤 떨이라며
덤 하나 얹는다

뭐라도 더 주고 싶어
아쉬워하는 눈길
돌아오는 내내
뭉근히 녹아내리니

그대 마음에
덤으로 얹은 미쁜 나

간판

미인노래광장 지지미 강남짬뽕
멋진 이름을 달면
인생이 달라졌으려나
삶이 그러하니
걸맞은 이름을 붙였으려나

오늘도 내게 걸린 이름
그 뜻도 의미도 모른 채
들어오고 나가는 얼굴만
물끄러미

남들이 보는 그런 삶 말고
나를 찾는 사람으로 짐작되는
허깨비 아닌

퍽퍽하고 짠내 나는 무지렁이라도
스스로 낯설지 않은 진짜
내 얼굴 하나 달고 싶다

도시의 연등

당신의 마음을 걸라는 말에
서성이는 기도를 부른다

하롱하롱 흔들리는 건
등인가, 내 마음인가

오늘의 바람이
내일도 그러하기를

등은 거리에서
내 안에서 빛나고

물 빠진 속옷

연고 없는 떠남은
흔적도 가난한가

빨래 건조대에
물 빠진 속옷

몇 장이 당신이다

기억 없는 하루
또 하루를

조물조물하는
정갈한 뒷모습

당신이 남긴
무채색에
당신이 가져간
무지개색을

입히는, 닮은
얼굴의 나

버려지는 이름을 대하는 자세

시커먼 곰팡이가
몇 개를 먹어 치웠나
눈을 흘긴들
호들갑을 떨든
물큰한 느낌에 손이 저리다

그의 짙푸른 숲은
희미한 무성영화다
땅의 감촉과 빛깔
바람에 담긴 물의 기운이
맥락 없이 섞일 뿐

그는 계절이라서
늘 좋은 시절로 왔다
나는 어제도 가위에 눌려
피곤한 눈이
검다, 시커멓다

버려지는 건 그인데
덩달아 내려놓은 내가

터덜터덜

비겁한 하루

구피 몇 마리가 죽은 어항 앞에서
먹이 주기와 물 갈아주기
그 너머의 막막함에 주저앉았다
로즈마리 한 그루가 바슬바슬 쌓인
화분을 붙잡고 물 주기와 환기
그 이상의 뭔가를 몰라 답답했다

나는 서툴고 그러므로 떠나고
나는 아프고 그러므로

그러므로 마음 주지 말자

당신을 마음에 들이고 내보내는
그런 일이 나는 여전히 겁이 나고

내가 살아야 하기에 오늘도 비겁하고

밥 먹듯 시를 읽는

리모컨을 드는 것처럼
시 한 편 읽는 일이
그렇게 사소했으면

외롭거나 힘들 때
혼자라도 괜찮다
아무 페이지나 열어도
나를 견뎌줄 테니

밥 먹듯 시를 먹어
내 삶이 그만 헛헛했으면
무던한 시집 한 권
곁에 두는 일

몸속에 곧은 뼈대 하나
새기는 일이다

사춘기와 갱년기

사춘기와 갱년기가
한 지붕
다른 섬에 산다

사춘기를 너무 잘 아는 갱년기
그러다 만다고
건너가지 않고
안아주지 않는다

갱년기를 너무 모르는 사춘기
볼수록 낯선 세상
아프고 또 아파서
다른 마음은 만질 새 없다

섬과 섬
가라앉기 전에
조금이라도 가까울 때

사당역에서

마감역은 따뜻하다
다정한 그이를 붙잡고
졸다가 놓친
정거장을 이야기하면
삶은 비로소 웃음이 된다

처음역은 기다린다
누군들 실수가 없으랴
겉돌고 헤매다
간신히 딛고 서면
삶은 날마다 새 걸음이다

시가 함박눈처럼 내린 날

누군가는 나처럼 사람을 잃었고
누군가는 나처럼 잊힌 사람이 되고
누군가는 나처럼 무감히 일을 하고
누군가는 나처럼 푸른빛과 멀리

그럼에도 그런 건 너무 흔해서
쉽게 생각을 포기하고
살 수 있는, 이 도시에서

드디어 나는 망가졌구나
어느 시인의 시가
함박눈처럼 내린 후
더 이상 시를 읽거나 쓰지 않고
부끄러움을 잊은 채
씩씩하게 돈을 벌고 또 벌어
마침내 무엇을 하면 좋지

울음이기도 한
웃음이기도 한
눈은 자꾸 내리고

푹푹 쌓이는 소리만
고요해서

쓸쓸한 사랑을 읽다

얕은 햇살이 조심조심 짐을 싼다
그녀는 벌써 결말을 아는 눈치
이 세상 많은 사랑은
현실에 무너지거나 속절없이 아프거나
어둠이 오면 울음은 더 깊어지리
순수한 내 눈에 묻은 질문
사랑하는데 왜 헤어져요
비밀일기를 채운 사람의 눈빛은 깊다
실낱같은 꿈은 그냥 꿈
마음껏 웃고 거닐게 하라
절그럭거리는 훼방꾼은
돌아갈 집이 없다
그만 읽자, 모두 사라진 방에
쓸쓸한 사람들이
자꾸자꾸 들어온다 내가 읽히고
어느새 나는 나이 든 얼굴이 된다

셀프 주유소에서

나를 닮은 사람이 그곳에 있었다

마음을 꺼낼 사이는 아니나
까실까실한 얼굴이 낯설지 않아
불퉁한 이 세상이 허전치 않았는데

뎅겅 떨어져 나간 누군가의 희망이
이제는 흔적만 남은 사람의 온기가
가뭇없이 사라지지 말란다
혼자서도 거뜬히 이겨내란다

어쩐지 나는 무섭다
그들이 떠난 겨울이 시리도록 아프다

연극을 좋아하세요?

그런 시절이 있었다
껌값에 볼 수 있는 티켓을
부적처럼 붙인 채
담쟁이덩굴이 뒤덮인
세실극장을 바라보았던

나를 감동시켜 줘
한 달을 견딜 수 있게

지금도 어떤 시절일 텐데
감탄사를 잊어버린
나의 밋밋한 손은
싼값에 준다는 표 한 장을
쉽게 받아 들지 못한다

이 물음이 내게 온 이유
연극을 좋아하세요?

주차장에서

어디쯤 가면
딱 맞는 자리 찾을까
숨은 그림 찾듯 어려워
돌고 또 돌고

이력이 붙길 기다리나
들락날락 헛발질에 고단하니
몽땅 다 포기하고
그냥 달아나 버릴까

그래도 숨 쉴 자리
어디든 한 곳은 있어
사는 게 사는 게 아니어도
가는 데까지

불법 현수막

어떤 것을 담아도
어떤 말을 건네도

삶, 그 자체가
불법이다

누군들 번듯한 사진 한 장
남기고 싶지 않을까

내건 이의 간절함을 알기에
오늘도
기약 없는 삶의 깃발로
보는 이의 마음을

비집고 들어선다

넷. 삶을 입다

샌들의 품격

유난히 비 많이 내린 그해
어마어마한 장대비 쏟아졌지
이미 반은 젖은 나를
처벅처벅 끌고 가던 그대
툭
끈 한쪽 놓아 버리더군
그대만 믿고 버틴 나
보도 가운데 쪼그리고 앉아
자꾸만 자꾸만 디밀어 봤지

얇은 접착제에 기댄 그대를
질질질
신발가게에서 헤어지면서
샌들의 품격이 무엇이던가
사람의 품격이 어디에 있던가

해마다 다시 여름
길거리표 가방을 메고
구제 옷을 걸쳐도
그대는 제값을 주는 이유는

떨어진 줄 하나
아직도 마음에서 달랑이니

그날 버려진 내 얼굴 건져 올리고 싶기 때문

말을 씻는 시간

옷을 벗듯 말을 벗어
몸을 씻듯 말을 씻는다

하루를 걷으면
허랑하게 겉돌거나
탈탈 털어내고픈
말 한 줌 잡히니

사람을 손으로만 만지랴
마음이 곧 말이니
말을 씻는 일
나를 다시 빚는 일이다

말갛게 헹궈
볕살 담뿍 담으면
내일은 마음껏 내어줘도 좋으리

외계어

오늘도 어김없이 벌어진 전투

매서운 칼바람 불어 감기 든다
날라리도 아닌데 겉멋이 제대로 들었다
지난 옛 시절은 잘라버린 채
중학생 엄마라는 이름만 남아
한사코 내미는 기모스타킹

겨울은 추운 맛을 즐기는 계절이다
겉멋이 들어야 속멋도 든다
야무진 추위에 오돌오돌 떨면서도
가냘픈 종아리를 살색스타킹에 기꺼이 내주는
사춘기 딸

둘 사이의 언어, 외계어

아프지 않고 어떻게 시를

나, 버려졌으나
혹시나 해서 건져 올린 비닐봉지

뜨거웠지만
차가워 보였고
아팠지만
지극히 멀쩡해 보였다

하루하루가
무겁고 겁나고 캄캄했으니

나, 꽃이었으나
피는 방법을 모르고
노래였으나
목소리를 몰랐다

사랑하지 않고
어떻게 나를 건너리
만나지 않고
어떻게 햇비를 즐기리

나, 겁쟁이였지만

도망치지 않고

시 속에서 그대를 만지니

은행 창구 앞에서

번듯한 문으로 들어가 포근히
커피 한 잔 대접받기를
기대하진 않는다
번호표 뽑고 기다리는 동안
이런저런 조바심을
커피로 달랠 수 있다면

꼭 갚겠다는 약속
한 장
두 장
새길 때
슬며시 차오르는
현실의 벽
고요히 발버둥 치는
삶의 의지

그래도 급한 불 껐으니
당분간 동동거릴 일 없겠지
서둘러 지는 해를
배고픈 마음이 붙잡는다

부끄러운 날

첫날부터 발걸음이 무지근하다
어지간히 살면 누구나 간다는 인문고
차라리 맘껏 조르기라도 할걸
뒤늦은 후회로 밤새 시달린 마음
쑤셔 넣은 책가방 속에서 아프다는데

낯설지 않은 눈길이 머뭇거린다
겨울방학 때 시다로 일한 가방 공장
우린 말 한마디 섞지 않았지
난 곧 다닐 학교를 생각했고
넌 곧 받을 월급을 떠올렸고
둘 다 고만고만한 방과 엇비슷한 밥상을 가졌으면서
내가 아닌 남을 마음 가득 채우고 다녔으면서
난 이제껏 왜 못 봤을까

문득 혼자 걷는 게 부끄러웠다
나만 앞서가는 게 무참했다

오던 길 되돌아가 안아주고 싶었다

사람의 언어

우리에게 말만 있을까
눈길 손길 발길
마음길까지

닿는 곳 어디든
따뜻하게
안을 수 있어

그대를 사랑하는
나는 언어다

빨래 건조대

살 하나 빠졌습니다
자기 몫의 어둠을 견디기 힘들었는지

파동
익숙해지길 바라지만
제 한 몸 버리지 못하는
그의 캄캄한 삶이 주저앉네요

넋 나간 그를 안고
막연한 어둠을 휘저어 봅니다

우린 둘 다 애송이
그만하면 됐다는 대답은
저 하늘 어디쯤 걸린 걸까요

무던한 눈길을 끌어다 널고
그의 무게를 걷습니다

가벼워진 그가 좋다 합니다

곁길

곁길에선
지름길만 보였다

혼자라는 생각에
지치기만 했을 뿐

쏠쏠한 재미도 있고
누구나 곁길을 걷는 것을

사방으로 팔락대는
이 마음 가는 대로

가장자리에 서서

누구든 가야 하리
스스로 저벅저벅 걸어가든지
의도치 않게 밀려나든지
아니면 날 선 계획의 희생자 되든지

서 보니 알겠더라
가장자리가 가운데라는 걸
또 다른 중심이 될 수 있다는 걸

구두 뒤축

갈 곳이 없는
그의 하루는
닳은 뒤축처럼 위태로워

한순간 삐딱선에 눌려
문드러진
가장의 자리

휘적휘적 걸어온
그의 흔적은
이 거리 어디쯤 남았는지

남은 걸음은 신발장에서
느리게 더 느리게
아예 없어지지 않게

다시 빛을 열면
의연한 그를 버티고 선 뒤축을

보지 않을 거다 차라리

봄날

계절을 정갈하게 매만지는 그와
봄날 정식을 먹는다

아무래도
입에 붙지 않는 브랜드 이름과
불경기에도 홀로 값이 오른 아파트
난 체하는 이름의 뒷담화를
반찬으로 곁들이기에는

온통 연두, 참 말간 연두

숱한 겨울을 건너온 우리
반짝 추위는 매섭겠지만 그것도
나름의 사는 맛

요즘 가장 예쁜 어느 동네와
막 건강을 회복한 반가운 이름과
슴슴한 고요까지 나누면
어느덧 그의 얼굴이 봄이다

할인 매대에 누워

지난 시절 덧없다 말하고 싶지 않다
화려한 조명 아래 빛나던 그 시절도 나고
수북이 쌓여 북새통
뒤적여야 볼 수 있는 오늘의 나도 나
스스로 제값을 매기진 않았으나
저절로 따라오는 이름
빛나거나 초라하거나

마침내 거리로 떠밀려도
무게로 달아 파는 손길에 매달려도
나를 알아주는
나로 인해 빛날
한 사람이면 족하니

다만 살아갈 뿐
본질은 변하지 않는다

택배를 기다리며

운 좋게 주문한 게
오기도 하고
터무니없는 소식
가슴 한 켠 부순다

열어보기 전
그 짧은 찰나
무엇을 기대하는가
삶은
기대하는 만큼
안기지 않는 것을

정말 두려운 건
아무도 나를
기억하지 않고
아무 일도
일어나지 않는 거다

덩그러니
내 이름 달고 왔으니
아무튼 끌어안고 갈
밖에

아마추어, 무대 오르다

너는 뭐가 되고 싶었니
얌전히 직장 다니다 시.집.이.나.가.라
그 말에 갇혀 잊어버렸지

원하지 않았으나 선택권이 없었던 것
그리하여 걸리적거리거나
다리에 힘이 실리지 않은 날들

무대에 서는 기분은
내가 분명한데 내가 아니고
걸쳤으나 입은 게 없는
날것의 희열

잊은 건 잊은 그대로
그냥 자유롭게

영업 방침

싫은 손님이 오면
웃지 않기

차라리 험한 말로
한바탕 놀기

그래도 제풀에 가지 않으면

영 섭섭지 않게
밥 한 끼 먹여 보내기

도루묵 조림

떨이로 준다기에 옳다구나
무 반쪽 깔고
양파와 청양고추 얹어
짭조름한 양념에 바글바글 끓이면
도루묵 짜박짜박 졸여지는 냄새에
이 방 저 방 들썩거리니
요 녀석 기특하네

너무 익혔나
물이 안 좋았나
젓가락이 닿자마자 자꾸 몸을 푼다
도루묵 한 마리
딸의 밥에 살포시 얹어 주니
엄마가 엄마 같네

언제는 아니었니
다 컸다고
너무 일찍 놓았나 애잔한 마음
힘없는 도루묵을 자꾸 뒤적뒤적

도로 공사

한 번도 뜨거웠던 적 없다
지글지글 끓는 아스팔트처럼
그렇게 앓아본 적 없고
한낮 뙤약볕에 아이스크림 녹아내리듯
무너져 본 적도 없다

두려워서, 나를 놓는 게 무서워서
끈 하나는 잡아야 했다
봄 여름 가을 겨울
한결같이 적당히 그저 미지근하게

한 번쯤 여름에 데고 싶다
그 뜨거움 온몸으로 받아
흔적도 없이 산화했으면

나를 버려야 나를 얻는 법
견디고 견뎌 더 단단해지는
길의 진리를 배우고 싶다

펄펄 끓는 물 까맣게 흘러내리는 동안
여름은 아직 끝난 게 아니다

의미 없음과 의미 있음

누군가 공사 중인 벽에 그림을 그린다
건물이 완성되면
물고기의 헤엄이나
나무의 숨을
아무도 기억하지 못하겠지만

벽은 안다
예전의 차갑고 단단한 자신이 아님을
미세한 생명의 흐름은
사방에 빛을 들이니

누군가 사랑을 묻는다
인연이 끝나면
아무것도 아닌 게 되냐고

좋았던 날들이 흩어지는
파열음은 견디기 힘들지만
그대를 잃어도 그대는 살아서
한 시절 함께한 모든 순간이
의미 있음을

나는 이제 사랑을 아는 얼굴이라서

괜찮은 날

그런 날이 있습니다
누군가 나를 위해
원두를 갈고 커피를 내리는
맛이나 향에 민감하기보다는
그의 손끝에
온 마음이 쓰였던

그런 날도 있을 겁니다
내가 그를 좋은 사람으로 가져
때때로 봄날이듯
그도 나를 편한 사람으로 여겨
이물 없이 흐르는

살풋 웃음 짓는
내 그림입니다

잘 익은 사람

경직된 살이 풀어지고 맛이 깊어지려면
소고기는 칠 일이 걸리고
닭고기는 삼 일이면 족하다는데
나는 언제쯤 진국인 사람이 될 수 있을까
말 나갈 걱정 없이 이야기를 나눌 수 있고
주책없이 남의 일에도 잘 우는 사람
생각 없이 행동한 걸 반성하고
내 것과 내 것 아닌 차이를 구분하는 사람
괜한 허세를 부리지 않아야
잘 익은 건데
냉장고 속 나는 지금도
숙성 중이다

해설

동사로 쓴 시를 형용사로 읽다

심명옥 | 수필가

우리는 살아가면서 끊임없이 겪고, 생각하고 행동한다. 숨이 붙어 있는 한 사람의 행위는 동사로 표현된다. 황영주는 시에서 사람을 그리고, 풍경을 만지고, 삶을 묻고 입는다. 한마디로 그의 시들은 철저히 동사의 형태를 띤다. 머릿속 관념에서 나온 게 아니라, 직접 듣고 보고 겪은 삶에서 나온 시들이기에 동사일 수밖에 없다. 삶이 있고, 서사가 뚜르르 꿰어지는 게 황영주 시의 특장점이다.

동사로 쓴 그의 시들은 한없이 담백하다. 시인은 경험에서 꺼내 와 군더더기 없이 솔직한 서사로 말을 건다. 이상한 것은, 별 수식어 없는 그의 시를 읽는 동안 독자의 가슴으로 물큰한 감정이 훅 건너온다는 점이다. 국수를 파니까 그냥 「국수집」인 것처럼 속일 것도, 감출 것도 없는 얼굴이 온 마음이라고 노래하는 황영주의 시들은 단숨에 독자를 사로잡는다. 공감의 영역에 들어서면 동사로 입력된 시는 바로 형용사로 출력된다.

1. 말갛다.

시집을 읽고 나면 말갛다는 느낌이 가장 먼저 떠오른다. 한겨울에

꽁꽁 언 얼음의 표면은 말갛다. 찬 바람에 겨워 물이 속살을 보호하며 계절을 건너가는 방법은 참 맑아 보인다. 단순히 해맑은 모습과는 다르지만, 그렇다고 무겁지는 않다. 평온한 맑음이라고 해야 할까. 어렵더라도 시치미 떼고 해사하게 웃는 시인이 추구하는 세계이기도 하다. 그저 마음만 뚝 떼어줄 뿐 욕심을 부릴 줄 모르는 시인은 이별에서조차도 말갛게 갠 얼굴을 마주 보기를 원한다.(「이별과 마주 보기」) 뚝 떼어준 마음이면 떠나는 사람에게 악다구니를 써 봐도 좋으련만 시인은 그냥 곱씹고만 있다.

옷을 벗듯 말을 벗어/몸을 씻듯 말을 씻는다//하루를 걷으면/허랑하게 겉돌거나/탈탈 털어내고픈/말 한 줌 잡히니//사람을 손으로만 만지랴/마음이 곧 말이니/말을 씻는 일/나를 다시 빚는 일이다//말갛게 헹궈/볕살 담뿍 담으면/내일은 마음껏 내어줘도 좋으리

─「말을 씻는 시간」전문

남이 아닌 자신을 빚어 다시 세울 때도 말갛게 헹구기를 바란다. 자신이 맑아지고서야 다른 사람을 환하게 대할 수 있는 시인의 천성이다. 이런 마음이니, 세상을 환하게 바라보고 싶은 바람을 내비칠 수 있는 것이다.

2. 부끄럽다.

한순간에 말갛게 씻어내는 방법을 찾은 건 아닐 게다. 자신을 들여다보기를 소홀히 하지 않는 시인은 서서히 방법을 찾아간다.

건넌방에 사는 그를 압니다/잘 지내려니/마음 푼 그 밤//냉골에 혼자 누워/사랑한다/그래도 사랑한다/세상을 짝사랑하며/닿지 않는 이름/애틋하게 부르더니//밤하늘의 별이 됩니다//지척이면 닿을 거리/왜 쉬이 건너가지 못했을까/뒤늦은 후회//그 별을 부릅니다

- 「건넌방」 전문

인간으로서 지닐 연민의 마음을 잃었던 지난날들에 대한 후회이자, 솔직한 고백 앞에, 누가 그게 시인만의 몫이라고 할 것인가. 한층 솔직해진 시인은 부끄러운 어느 하루도 소환해 온다. 고만고만한 밥상을 가졌으면서, 속에 남을 가득 채우고 다녔으면서 자신보다 못하다고 같은 공간에 있으면서도 아는 체 안 한 모습을 통렬하게 인식한다. 부끄러워지고 돌아가 안아 주고 싶었다는 시인의 목소리가 참 따뜻하게 들린다.(「부끄러운 날」) 그뿐인가.

3. 따뜻하다.

성찰을 한다고 사람이 다 달라지는 건 아니다. 황영주는 성찰을 하며 시선을 약한 곳으로 돌린다. 황영주가 자신을 솔직하게 드러내며 시를 쓰는 이유는 오로지 온기를 담고 싶어서다. 거짓으로는 결코 담길 수 없는 온기를 위해 끊임없이 주위를 본다. 남에게 냄새난다고 구박받는 담배 할아버지의 안부가 궁금하고, 기약할 수 없는 내일을 어설픈 노래와 몇 잔 술로 푸는 지하의 가난한 집 아이 김율리아가 꽃씨를 심었을까 궁금하다. 하다 하다 가난한 자기 가방을 턴 소매치기가 안쓰럽고, 낮게 피어 꽃씨를 날려 보낸 민들레가 아프다. 끝내

는 사물과도 말을 터 이팝꽃 하나에서도 배울 점을 찾아낸다. 고백대로 오지랖이 넓긴 넓다.

하필이면/지갑엔 천 원짜리 한 장과/오백 원 동전 한 개//시퍼런 기대를 담아/단숨에 그어 내린 면도날//그는 전문가가 아니었다//청량리 길거리에서 파는/싸구려 핸드백에/하루를 건 실력이라면//헛물을 켜도 싸다//쌤통인데/찌르르 쑤시는 이 마음은

-「오지랖 넓은 여자」 전문

황영주의 시가 지친 영혼을 위로하는 이유는 그의 따뜻한 관심과 맞닿아 있다. 약한 사람을 결코 지나치지 못하는 습성에 말이다. 그의 시 속에서는 우리 모두 별이 된다.(「별바라기」)

4. 단단하다.

부드러운 것이 더 강한 법이다. 온기를 품었다고 해서 맺고 끊는 것이 정확하지 않은 건 아니다. 담금질을 통해 단단해진 시인은 겉으로는 드러내지 않지만 용기 있는 화자를 내세운다. 엄마가 아들을 못 낳는다는 이유로 구박하던 고모의 손에 이끌려 교회에 간 화자는 낯선 풍경을 본다. 엄마 앞에서와는 달리 목사님 앞에서 상냥한 미소를 보이는 고모가 못마땅하다. 기도하라는 고모의 말이 끝나자 눈을 꼭 감고 맹랑한 기도를 드리는 화자의 마음에는 이미 전사가 살고 있다. 고모를 벌주지 않아 나쁜 하나님이라 일갈하는 시인의 목소리가 통쾌하다.(「고모의 하나님」) 자기 영혼을 갉아먹는 것 같으면 서둘러 빠져

나올 줄도 안다.(「사마귀에게 먹히다」) 구루마를 끄는 '그'에게 길의 가운데로 당당히 걸어오라고 주문한다.(「구루마」) 시인의 당당함, 혹은 단단함은 단지 자신의 성찰에서만 비롯된 것은 아니다. 아버지는 시인을 단단하게 키워냈다.

"네 애비는 힘센 놈에게 절대 기죽지 않았다"/술에 불콰해진 아버지가 쏟아내던 말/어느 밤엔 주정처럼/때로는 주문처럼/작은 몸으로 흘러드는 줄 몰랐다//너를 일으켜 봐/이제 움직일 때야/살살 부추기는 목소리를 듣는다/그게 아버지인지/나인지//스스로 구차한 사람 되기 싫다/주먹 불끈 쥔 손으로/한 잔 술 들이켜는/내 안의 전사//"나도 잘난 척하는 놈에게 절대 지지 않는다"

― 「내 안에 전사가 산다」 전문

동백꽃처럼 서둘러 뚝뚝 지면서도 아버지는 다 가져갈 테니 꼭 잘 살라는 당부를 잊지 않는다.(「동백꽃 지면」) 그 사랑 덕분에 시인은 가장자리에서도 또 다른 중심을 찾아낸다.

5. 찬란하다.

긴긴 길을 돌아 성숙한 시인은 삶을 관조하거나 즐긴다. 남들에게 보이는 삶이 아닌, '나'를 찾는 사람으로 살려는 여정에서 시인은 해답을 찾은 듯하다. 자기와 다른 사람을 동시에 받아들이는 법을 알아냈기에 충만한 삶이 시인 앞에 놓여 있다. 전단지에 끼어 보려고 안간힘을 쓰던 모습은 완전히 버렸다.

한 뼘만큼의 거리가/우주만큼 멀다/그래도 그대 거기 있으니/외롭지 않다

─「그리움」 전문

대범하기도 하다.

싫은 손님이 오면/웃지 않기//차라리 험한 말로/한바탕 놀기//그래도 제풀에 가지 않으면//영 섭섭지 않게/밥 한 끼 먹여 보내기

─「영업 방침」 전문

 자기로의 오랜 탐색으로 몸속에 곧은 뼈대 하나 새기는 일(「밥 먹듯 시를 읽는」)도 가능했다. 그 힘으로 비에 젖은 옆 사람도 자기 만지듯 따뜻하게 품을 게다. 내공이 단단해진 시인은 큰 목소리로 말한다. 일어나, 낯선 세상으로, 뛰어들어, 네 삶을 향해!(「내딛다」) 지금 황영주 시인은 시를 통해 먼지 가득한 마당에 소리를 불러들이는 마법을 부리고 있다. 찬란한 봄이 오고 있다.

 『말을 씻는 시간』은 오롯이 황영주다. 동시에 우리이기도 하다. 끊임없는 성찰로 스스로 품격을 지키는 방법을 찾아낸 시인이 앞으로 써낼 시가 궁금하다. 그 속에서 우리는 어떤 즐거움을 누릴지 기대가 크다.